BEI GRIN MACHT SICH IHR WISSEN BEZAHLT

- Wir veröffentlichen Ihre Hausarbeit, Bachelor- und Masterarbeit

- Ihr eigenes eBook und Buch - weltweit in allen wichtigen Shops

- Verdienen Sie an jedem Verkauf

Jetzt bei www.GRIN.com hochladen und kostenlos publizieren

Bibliografische Information der Deutschen Nationalbibliothek:

Die Deutsche Bibliothek verzeichnet diese Publikation in der Deutschen National-
bibliografie; detaillierte bibliografische Daten sind im Internet über http://dnb.d-
nb.de/ abrufbar.

Impressum:

Copyright © 2017 GRIN Verlag, Open Publishing GmbH
Druck und Bindung: Books on Demand GmbH, Norderstedt Germany
ISBN: 9783668489219

Dieses Buch bei GRIN:

http://www.grin.com/de/e-book/370978/atatuerks-aussenpolitisches-modell-zwi-
schen-scheitern-und-erfolg-frieden

Salih Talha Güney

Atatürks außenpolitisches Modell zwischen Scheitern und Erfolg. Frieden in der Heimat, Frieden in der Welt?

GRIN Verlag

Inhaltsverzeichnis

1. Einleitung und Aufgabenstellung

„Der Gedanke vom Frieden in der Heimat, Frieden in der Welt, welches eines der fundamentalsten Prinzipien der türkischen Republik ist, stellt hinsichtlich des Wohlstands und des Fortschritts den grundlegendsten Wunsch der Menschheit und Zivilisation dar. Dieser Sache so viel wir nur möglich gedient zu haben, ist für uns ein Grund stolz zu sein. "[1]

So beschrieb der Gründer und erster Staatspräsident der modernen Türkei, Mustafa Kemal Atatürk[2], die von ihm verfolgte Außenpolitik. Er distanzierte sich von imperialistischem Expansionismus und plädierte für internationale Friedensdiplomatie zwischen den Staaten. So beabsichtigte er, der Nachfolgerin des untergegangenen Osmanischen Reichs die notwendige globale Anerkennung zu verschaffen und gute Beziehungen zur internationalen Staatengemeinschaft, insbesondere zum westlichen Europa, zu knüpfen. Sein Hauptaugenmerk lag jedoch auf der Errichtung eines zeitgenössischen – und vor allem westlich geprägten – Staates, der sich in allen Bereichen mit den europäischen Großmächten messen konnte. Jahrhundertelang spielte die Türkei bzw. ihr Vorgänger, das Osmanische Reich, eine beachtliche Rolle in der Weltpolitik. Doch die zerfallende Großmacht konnte nicht mit dem Fortschritt Europas mithalten und wurde zunehmend ein Interessensgebiet der imperialistischen Kolonialmächte, das lediglich durch deren Gunst fortbestand. Durch die verheerende Niederlage im Ersten Weltkrieg war der Untergang des Vielvölkerstaats schließlich besiegelt. Wie intendierte Mustafa Kemal Atatürk nun, die Türkei als Nationalstaat nach dem gelungenen Befreiungskrieg wieder reif für die internationale Bühne zu machen?

Diese Facharbeit beschäftigt sich mit der Fragestellung, wie und inwiefern das außenpolitische Konzept des türkischen Staatsgründers zur Verbesserung der Reputation des „kranken Mannes am Bosporus" beisteuerte und wie schwer die Republik fortan in der internationalen Politik ins Gewicht fallen sollte. Zudem werden die Beziehungen zum Westen und zur Sowjetunion analysiert. Um Atatürks Wirken und sein Verständnis von Außenpolitik zu verstehen, muss man sich sein Leben und seinen Werdegang anschauen, da auch er ein Kind seiner Zeit, der Epoche des Imperialismus und Nationalismus, war. Daher werde ich zuerst mit einer Biographie Mustafa Kemals beginnen, um anschließend die türkische Diplomatie während des Befreiungskrieges und nach der Republikgründung und ihre Auswirkung auf das damalige Renommee der Türkei zu behandeln. Wichtige Meilensteine hierfür sind der Vertrag von Lausanne, die Mossulfrage und die Hataykrise. Diese werden umfangreich behandelt, um anhand dieser Beispiele das Konzept Atatürks und ferner, die türkische Außenpolitik der 20er und 30er Jahre darzustellen. Der Vertrag von Montreaux von 1936, der der Türkei die Souveränität über die Meerengen zurückgab, wird aufgrund seiner vielschichtigen Komplexität nur geringfügig behandelt. Die chronische Eingrenzung dieser Facharbeit begründet sich darin, dass es Mustafa Kemal Atatürk war, der der Türkei – und somit auch ihrer Außenpolitik – ihren grundlegenden Charakter gegeben hat. So prangt auch heute noch der Spruch „Frieden in der Heimat, Frieden in der Welt" an den Wänden des türkischen Außenministeriums.

---

[1] Atatürk in einem Telegramm an den amerikanischen Präsidenten Roosevelt am 03.11.1933. ATATÜRK ARAŞTIRMA MERKEZI 2006: *Atatürk'ün Tamim, Telgraf ve Beyannameleri*, S. 478. (Übersetzung des Autors).
[2] Nachnamen, wie *Atatürk*, was so viel wie *Vater der Türken* bedeutet, wurden erst 1934 eingeführt, vgl. KREISER 2008: *Atatürk. Eine Biographie*, S. 18. Im Folgenden wird bei Personen auf die historische Korrektheit bezüglich der Verwendung von Namen geachtet.

2. Atatürk – eine Person sui generis

Mustafa Kemal wurde um 1880/81 im damals osmanischen Saloniki geboren. Nach einer erfolgreichen Ausbildung in der Kriegsakademie zum Hauptmann trat er 1905 der osmanischen Armee und im selben Jahr noch der verbotenen jungtürkischen Gruppierung „Komitee für Einheit und Fortschritt" bei, die sich gegen den autoritär herrschenden Sultan Abdulhamid II. positionierte. Dieser wurde 1909 durch die jung-türkischen Unionisten, denen Mustafa Kemal ebenfalls angehörte, gestürzt. Bei den neuen Machthabern wegen seiner liberalen Ideen und seines Ehrgeizes unbeliebt, wurde er an mehrere Fronten fernab vom Machtzentrum Konstantinopel versetzt. Er kämpfte 1911 gegen die Italiener in Libyen und war 1912/13 an den Balkankriegen beteiligt – mehr oder minder mit Erfolg. Seinen ersten großen Triumph, der ihm landes-weite Bekanntheit bescherte, feierte Mustafa Kemal 1915 im Ersten Weltkrieg, als er alliierte Truppen an der Okkupation der Dardanellen, einer strategisch äußerst wichtigen Meerenge mit Zugang zur Hauptstadt, hinderte. Für diesen Sieg wurde er zum General (türk. *Pascha*) befördert. Anschließend diente er bis zum Ende des Krieges als Oberbefehlshaber der Armeen in Syrien und Palästina und organisierte deren Rückzug aufgrund der sich abzeichnenden Niederlage des Osmanischen Reiches. Nach der Aufteilung des türkischen Kernlands in alliierte Besatzungszonen im Vertrag von Sèvres, organisierte Mustafa Kemal den Widerstand und konstituierte 1920 in Ankara ein nationalistisches Parlament, zu dessen Vorsitzenden und Oberbefehls-haber er ernannt wurde.[3] Dem Sieg im Befreiungskrieg gegen die Griechen, welche zuvor Westanatolien okkupierten, für den er mit dem Titel *Gazi*[4] gewürdigt wurde, folgte 1922 die Abschaffung des Sultanats und 1923 der Friedensvertrag von Lausanne. Im selben Jahr wurde die Republik mit ihm als Staatsprä-sidenten proklamiert. Bis 1926 erfolgte die Beseitigung jeglicher Opposition und die Etablierung eines auto-ritären Einparteienstaates mit der Republikanischen Volkspartei (CHP). Während seiner Regierungszeit (1923-1938) führte Mustafa Kemal massive Reformen in allen Bereichen durch, um den Staat und die Ge-sellschaft zu modernisieren.[5] So drängte er unter anderem den Einfluss des Islam im öffentlichen Leben zurück, schrieb westliche Kleidung und Zeitrechnung vor und führte das lateinische Alphabet für die bis dato mit arabischen Buchstaben geschriebene türkische Sprache ein. Da er den Niedergang des osmani-schen Vielvölkerstaats miterlebte, lehnte er dieses Konzept ab und formte einen Nationalstaat. Er leitete eine Türkifizierung der Minderheiten ein und unterdrückte ihre Kultur und Sprache. Als Ehrentitel bekam er 1934 vom Parlament den Nachnamen „Atatürk – Vater der Türken" verliehen. Atatürk starb 1938.[6]

Heute umgibt ihn in der Türkei ein Personenkult. So ist das Aufhängen eines Atatürk-Portraits in jeder Amtsstube Pflicht und er wird mehrmals jährlich durch Staatszeremonien geehrt. Im gesamten Land befin-den sich Statuen, Büsten und Denkmäler, die ihm zu Ehren errichtet wurden. Ungeachtet der eigenen poli-tischen Ideologie muss jede Partei Atatürk mehr oder weniger in das Parteiprogramm integrieren – Politik ohne den Staatsgründer ist unmöglich.

---

[3] HANIOGLU 2015: *Atatürk. Visionär einer modernen Türkei*, S. 308–312.
[4] *Gazi* bedeutet „Eroberer, Gotteskrieger" und hat eine religiöse Konnotation. Mustafa Kemal trug diesen Titel trotz seiner antireligiösen Haltung mit Stolz und behielt ihn bis zu seinem Lebensende bei.
[5] Für Mustafa Kemal und viele Türken damals kam der Begriff „Modernisierung" mit „Europäisierung" gleich, vgl. HANIOGLU 2015: *Atatürk. Visionär einer modernen Türkei*, S. 207.
[6] GÜLBEYAZ 2004: *Mustafa Kemal Atatürk. Vom Staatsgründer zum Mythos*, S. 8f.

3. Ausgangssituation der türkischen Außenpolitik

3.1. Der Vertrag von Lausanne

Die türkischen Nationalisten unter Mustafa Kemal feierten am 24. Juli 1923 ihren bisher größten außenpolitischen Erfolg – die Unterzeichnung des Vertrags von Lausanne und die dadurch erfolgende Revidierung des Vertrags von Sèvres von 1920, welcher das Osmanische Reich zu einem kleinen halbautonomen Marionettenstaat der Alliierten machte. Lausanne war in vielerlei Hinsicht von großer Bedeutung. Nach dem Sieg auf dem Schlachtfeld gegen die von den Alliierten unterstützten Griechen musste nun ein Sieg auf diplomatischer Ebene folgen, um den Status quo zu untermauern und die eigene Herrschaft zu festigen. Ende 1922 wurde sowohl die Regierung des Sultans in Istanbul als auch die der Nationalisten in Ankara zu Gesprächen im neutralen Lausanne eingeladen. Mustafa Kemal reagierte brüskiert und initiierte einen Gesetzesentwurf zur Abschaffung des Sultanats, welcher am 01.11. durch das Parlament in Ankara angenommen wurde. Somit waren die Kemalisten[7] alleiniger Ansprechpartner und Repräsentant der Türkei.[8]

Die türkischen Hauptforderungen orientierten sich hauptsächlich am 1920 formulierten „Nationalpakt" (türk. *Misak-ı Milli*) sowie am Waffenstillstand von Mudanya von 1922, der den türkischen Sieg bestätigte: Die Wiederherstellung der türkischen Souveränität[9], die Verhinderung eines armenischen Staats in Ostanatolien, die Einhaltung der im Nationalpakt erklärten Grenzen (d.h. Gesamtanatolien mit Ostthrakien, dem Sandschak von Alexandrette und der Provinz Mossul), keine ausländischen Truppen an den Meerengen, keine wirtschaftlichen Privilegien für fremde Staaten, keine Einschränkung des türkischen Militärs und die Tilgung der osmanischen Staatsschulden. Im Gegensatz dazu standen die alliierten Forderungen, welche Sèvres als Maßstab nahmen. So wollte Großbritannien das erdölreiche Mossul und die für den Handel wichtigen Meerengen auf keinen Fall türkischer Kontrolle überlassen, Frankreich beharrte auf den osmanischen Schulden, da die Kreditgeber meist Franzosen waren. Der harte Widerstand der Alliierten gegenüber den türkischen Forderungen wurde durch die Zusicherung umfangreicher Reformen nach europäischem Vorbild und das Versprechen der Annäherung an Europa gemildert.[10]

Folgende Einigung kam nach achtmonatigen Gesprächen zustande: Die Türkei unterzeichnet den Vertrag als gleichgestellter vollwertiger Verhandlungspartner und wird als souveräner Staat in den anatolischen Grenzen anerkannt. Zudem werden die osmanischen Kapitulationen, die insbesondere Großbritannien und Frankreich wirtschaftliche und rechtliche Konzessionen gewähren, aufgehoben. Die verbleibenden Schulden des Osmanischen Reichs werden auf die Nachfolgestaaten verteilt, wobei die Türkei den größten Anteil zu zahlen hat. Ankara garantiert Minderheitenrechte, welche allerdings nur für Nichtmuslime gelten. Die größte Minderheit, die Kurden, sind davon ausgeschlossen. Der im Januar bereits stattgefundene Bevölkerungsaustausch zwischen der Türkei und Griechenland wird nachträglich legitimiert.[11] Eine internationale Kommission soll zur Kontrolle der fortan demilitarisierten Meerengen gegründet werden. Die Grenze zum Irak und somit die Frage um Mossul wird allerdings nicht festgelegt und soll später zwischen der Türkei

---

[7] Während des Krieges wurden die Widerständler in westlichen Medien nach ihrem Anführer Mustafa Kemal als Kemalisten generalisiert. Danach werden jedoch nur die Anhänger der Ideologie des Kemalismus so genannt.
[8] ORAN 2010: *The Peace Treaty of Lausanne*, S. 126.
[9] KREISER 2008: *Atatürk. Eine Biographie*, S. 176.
[10] ORAN 2010: *The Peace Treaty of Lausanne*, S. 127ff.
[11] Vgl. FIRAT 2010: *Relations with Greece*, S. 198–202.

und der Mandatsmacht Großbritannien separat ausgehandelt werden.[12] Der türkisch beanspruchte Sandschak von Alexandrette in Nordwestsyrien bleibt allerdings in französischer Hand.[13] Der Vertrag von Lausanne war das Fundament, auf der später die Republik aufgebaut wurde. Die Türkei wird von den ehemaligen Feinden als souveräner Staat anerkannt und kann im Gegensatz zu ihren Bündnispartnern im Ersten Weltkrieg eine unabhängige nationale Wirtschaft aufbauen und als eigenständiger Staat ihre Politik bestimmen. So schreibt der Politikprofessor William Hale:

„Mit der Unterzeichnung des Vertrags von Lausanne 1923 bestand der neue türkische Staat seinen kritischsten Test. Er hat letztendlich ein Ausmaß an Sicherheit und internationaler Anerkennung erreicht, an welchen es seinem osmanischen Vorgänger seit dem letzten Viertel des 18. Jahrhunderts mangelte. Infolgedessen konnte die Außenpolitik nach dem inneren Wiederaufbau den zweiten Platz einnehmen. "[14]

Das Ergebnis ist trotz der Nichterfüllung aller Ziele, wie die Souveränität über die Meerengen, ein beachtenswerter Erfolg, wenn man berücksichtigt, dass es damals nur wenige unabhängige asiatische Staaten gab. Jedoch sollte man sich von der geografischen Lage der Türkei nicht täuschen lassen. Sie orientierte sich keinesfalls an Asien, sondern erklärte mit dem Vertrag von Lausanne, dass sie auf all ihre vormaligen Ansprüche in der islamischen und arabischen Region verzichte.[15] Die türkische Delegation machte unmissverständlich klar, dass Asien und die islamische Welt für sie keine allzu große Rolle mehr spielen werde – eine Modernisierung im Sinne Europas bzw. des Westlichen war nun der „Goldene Apfel" der Türken.[16]

3.2. Das türkische Konzept der Außenpolitik während des Befreiungskrieges

Bereits im Befreiungskrieg waren diplomatische Kontakte mit den Alliierten unumgänglich. Anfangs noch als Aufrührer und Anarchisten diffamiert, erlangten die Kemalisten sehr früh eine gewisse Anerkennung, insbesondere durch die guten Kontakte mit den Bolschewisten in der Sowjetunion. Mustafa Kemal zeigte auch hier sein diplomatisches Geschick. Obwohl für ihn bereits damals nur eine parlamentarische Republik nach westlichem Vorbild infrage kam, waren andere Bündnisse zur Festigung und Legitimierung der Ankara-Regierung notwendig. Erst durch die Waffen- und Goldlieferungen der Kommunisten konnten die Nationalisten den Krieg überhaupt führen und schließlich siegreich beenden.[17] Hierbei zeigt sich, wie geschickt Mustafa Kemal vorging: Er versah seine Reden mit sozialistischen Begriffen und wirkte dadurch wie ein „muslimischer Kommunist". Auch wurde auf seinen Befehl hin 1920 eine offizielle kommunistische Partei gegründet, um einerseits die Unterstützung der Bolschewisten im Krieg zu garantieren, welche Interesse an einem kommunistischen Umsturz in der Türkei hatten, und andererseits die erstarkenden sozialistischen Splittergruppen in Anatolien unter eigener Autorität zu vereinen.[18] Mustafa Kemal wollte verhindern, dass eine alternative Bewegung in Konkurrenz zu seiner entstand. Obwohl er letztendlich massiv Kommunisten verfolgte und den Kommunismus ablehnte, unterhielt die Sowjetführung dennoch gute Be-

---

[12] ORAN 2010: *The Peace Treaty of Lausanne*, S. 130f.
[13] Vgl. UZGEL et al. 2010: *Relations with Western Europe. Relations with France*, S. 168.
[14] HALE 2013: *Turkish foreign policy since 1774*, S. 41. (Übersetzung des Autors).
[15] BIYIKLI 2008: *Kaynakçalı Ve Açıklamalı Atatürk Dönemi Türk Dış Politikası Kronolojisi*, S. 360.
[16] Als „Goldener Apfel" wurde früher das Ziel türkischer Eroberungen bezeichnet, wie z. B. Konstantinopel und Wien, vgl. BORATAV 1986: *Kizil-Elma (or Kizil-Alma)*, S. 245f.
[17] HANIOGLU 2015: *Atatürk. Visionär einer modernen Türkei*, S. 132f.
[18] Die Partei wurde bereits 1921 aufgelöst, nachdem die Hilfeleistungen der Bolschewisten gesichert und kommunistische Kontrahenten ausgeschaltet worden waren, vgl. DAĞISTAN o. J.: *Milli Mücadele'de Mustafa Suphi Olayı*, o. S.

ziehungen zu ihm, da sie das Parlament in Ankara – kommunistisch oder nicht – einer britischen Marionettenregierung in Istanbul bevorzugte.[19] Das Verhältnis zur Sowjetunion spielte eine große Rolle, da beide Staaten ein Legitimitätsproblem besaßen und durch gegenseitige Unterstützung ihre internationale Rechtmäßigkeit geltend machen wollten. Die türkische Nationalbewegung lehnte den Kommunismus als innenpolitisches System zwar ab, kooperierte jedoch mit den Bolschewisten auf internationaler Ebene.[20] Durch Erfolge im Krieg anerkannten auch andere Mächte rasch das neue Parlament an. So wurden bereits ab 1921 diplomatische Kontakte mit Frankreich und Italien geknüpft, von denen die Nationalbewegung profitierte. So hielten sich die Italiener gänzlich aus den Kampfhandlungen heraus und auch die Franzosen zogen nach einem Abkommen im selben Jahr ab. Dies waren hinsichtlich des Prestiges wichtige Schritte für Mustafa Kemal und die Ankara-Regierung.[21] Allerdings stand die Türkei nach dem Vertrag von Lausanne, abgesehen vom Verhältnis zur Sowjetunion, relativ isoliert da. Mustafa Kemal, nun als Präsident und Nationalheld die führende Figur im Land, fasste den Plan, eine konsequente und friedliche Außenpolitik zu führen, um die Türkei zu einem gleichberechtigten Mitglied der internationalen Gemeinschaft zu machen.[22] Des Weiteren sollte eine solche Friedenspolitik der Erhaltung der hart erkämpften Errungenschaften dienen und verhindern, dass die Türkei durch abenteuerliche Kriegslust ein ähnliches Desaster wie Sèvres erlebt.[23] Mustafa Kemal war sich bewusst, dass die Außenpolitik proportional mit der Macht eines Staates sein musste.[24] Insofern verfolgte er anstatt einer revisionistischen, eine pragmatische Außenpolitik und war stets zu Kompromissen bereit. So verzichtete er in Lausanne vorübergehend auf den Sandschak von Alexandrette und später, im Vertrag von Ankara 1926, gänzlich auch auf Mossul.

3.3. Das türkische Konzept der Außenpolitik nach der Staatsgründung

Der Orientalist und Turkologe Klaus Kreiser beschreibt das Atatürksche Konzept folgendermaßen:

„Atatürks System war alles andere als militaristisch und entbehrte jedes imperialistische Auftreten im der Außenpolitik - und dies gewiss nicht nur aus wirtschaftlicher Schwäche und ängstlicher Zurückhaltung, sondern weil für Atatürk der Rückzug auf das anatolische 'Herz des Landes' Vorrang vor großtürkischen Ambitionen hatte und ihm das Modernisierungsprojekt wichtiger war als eine rückwärtsgewandte Nationalromantik. "[25]

Die Zwischenkriegszeit war geprägt vom Konflikt zwischen den Anhängern des Status quo und den Revisionisten. Der harsche Diktatfrieden von Versailles 1919 schürte den Konflikt zwischen Deutschland und den Alliierten und sorgte keinesfalls für einen kontinuierlichen Frieden. Europa begann seine Bedeutung in der Weltpolitik zu verlieren, es folgten wirtschaftliche Probleme. Der Einfluss der Kolonialmächte auf periphere Gebiete verringerte sich mit den zunehmend auftretenden innenpolitischen Krisen. Die neue Türkei profitierte von diesen Aspekten. Sie hatte – verglichen zu ihrem Vorgänger – eine gewisse Autonomie, der durch den Machtverlust der Westmächte bedingt war. Zweitens war sie für sowohl die Verteidiger als auch die Anfechter der Nachkriegsordnung aufgrund ihrer geostrategischen Lage von enormer Bedeutung. Drit-

---

[19] HANIOGLU 2015: *Atatürk. Visionär einer modernen Türkei*, S. 120–123.
[20] ORAN 2010: *Appraisal of the Period*, S. 153.
[21] HANIOGLU 2015: *Atatürk. Visionär einer modernen Türkei*, S. 134f.
[22] RILL 2011: *Kemal Atatürk. Mit Selbstzeugnissen und Bilddokumenten*, S. 116.
[23] GÜLBEYAZ 2004: *Mustafa Kemal Atatürk. Vom Staatsgründer zum Mythos*, S. 212.
[24] AKŞIN 2007: *Kısa Türkiye tarihi*, S. 178.
[25] KREISER 2008: *Atatürk. Eine Biographie*, S. 300.

tens wandelte sich mit dem kommunistischen Russland ein historischer Erzfeind in einen wertvollen Verbündeten, welchen die isolierte Republik dringend benötigte. Mustafa Kemal Atatürk gelang es, diese Vorteile geschickt und rational zu nutzen, wobei er sich der langjährigen osmanischen Tradition der Bewahrung des Gleichgewichts konkurrierender Staaten bediente.[26]

Beim Entwickeln einer Außenpolitik hatte die Türkei zwei potenzielle Handlungsweisen: Entweder sie verlässt sich auf das Gleichgewicht der Mächte oder sie tritt einem Bündnis bei.[27] Bei Letzterem gibt es das Problem, dass eine Mittelmacht wie die Türkei zum Satelliten des mächtigeren Staates werden kann, was der wesentliche Grund war, warum sich Atatürk für das Erstere entschied. Es gab hauptsächlich drei Gruppen, die er zu berücksichtigen hatte. Die erste bestand aus den Verteidigern des neuen Status quo, Großbritannien und Frankreich. Höchste Priorität war es, Probleme mit diesen Staaten zu lösen und gute Beziehungen zu pflegen. Mustafa Kemal wollte sich politisch diesen nähern und sich gut mit ihnen verstehen, da er sie als Vorbild hochachtete. Zur zweiten Gruppe gehörten die revisionistischen Staaten der Zwischenkriegszeit, Italien und Deutschland. Zu diesen wollte Atatürk distanziert bleiben, insbesondere zu Mussolini, den er als größte Gefahr für die Türkei empfand. Er betrachtete diese faschistischen Länder lediglich als Gegengewicht zur ersten Gruppe und vermied außergewöhnliche Herzlichkeit, unterhielt allerdings gute Wirtschaftsbeziehungen. Die letzte Gruppe war die Sowjetunion, mit der seit dem Befreiungskrieg äußerst gute Beziehungen geknüpft worden waren und welche die Türkei langjährig unterstützte. Der kommunistische Staat diente als Gegengewicht zu den ersten beiden Gruppen.[28] Jedoch vermied die Türkei es, eine zu enge Freundschaft zum bolschewistischen Nachbarn zu pflegen. Diese hätte die Beziehungen zum Westen belastet. Ferner vertraute man den Sowjets nicht vorbehaltlos. Diese Haltung sollte sich nach dem Zweiten Weltkrieg als gerechtfertigt erweisen, als Stalin Anspruch auf türkische Ostprovinzen erhob und die Türkei sich den USA annäherte.[29]

So verließ Atatürk sich auf eine ausgeglichene balancierte Außenpolitik mit einer westlichen Neigung[30], welche auf Räson baute und keine Anzeichen von Revisionismus oder Irredentismus zeigte. Dies wird in erster Linie im Konflikt um die Meerengen und in der Hatayfrage[31] ersichtlich, in der die Türkei ihre Ziele durch kühle vernünftige Diplomatie auf legalem Wege im Einverständnis mit den Westmächten erreichte – ohne Provokation anderer Staaten.

3.4. Die innenpolitische Situation

Außenpolitisch war die Souveränität des Staates in Lausanne zwar gesichert worden, innenpolitisch musste Mustafa Kemal aber drei große Fragen lösen. Diesen wurde der Vorrang vor der Außenpolitik gewährt, sodass bis Anfang der 30er letztere mehr oder weniger vernachlässigt wurde bzw. nicht stark ausgeprägt war. Die erste war die Konsolidierung der eigenen Herrschaft und die Beseitigung jeglicher Opposition. Die Islamisten und Royalisten wurden mit der Abschaffung des Kalifats und der Ausweisung der osmanischen Dynastie 1924 aus dem politischen Geschehen verbannt. Kurdische Adlige, Kommunisten und ein

---

[26] ORAN 2010: *Appraisal of the Period*, S. 143.
[27] HALE 2013: *Turkish foreign policy since 1774*, S. 72.
[28] ORAN 2010: *Appraisal of the Period*, S. 151.
[29] RILL 2011: *Kemal Atatürk. Mit Selbstzeugnissen und Bilddokumenten*, S. 123f.
[30] UZGEL et al. 2010: *Relations with Western Europe. Relations with France*, S. 165.
[31] Der Sandschak von Alexandrette wurde 1938 in Hatay umbenannt, vgl. ebd., S. 167.

großer Teil der Jungtürken wurden mit der Niederschlagung des kurdisch-religiös geprägten Scheich-Said-Aufstandes 1925 und dessen Konsequenzen, die restlichen unionistischen Anführer mit der Säuberungswelle nach dem gescheiterten Attentatsversuch auf Mustafa Kemal 1926 eliminiert. Dieser und seine Gefolgsleute standen spätestens seit 1927 als alleinige Führung an der Spitze der Republik und duldeten keine ernsten Rivalen. Die zweite Frage beschäftigte sich mit den westlichen Reformen, welche das ubiquitäre Sujet der kemalistischen Innenpolitik waren und mit hohem Tempo regelrecht oktroyiert wurden. Mit der Annahme westlicher Rechtsnormen 1926/27, des lateinischen Alphabets und der Streichung des Artikels „Die Staatsreligion ist der Islam" aus der Verfassung 1928, was lediglich den längst säkularen Charakter der Republik bestätigte, war das Reformwerk größtenteils vollendet. Die dritte und wohl wichtigste Frage war die Unterdrückung des kurdischen Nationalismus, der die staatliche Autorität im Osten konstant bedrohte. Mit der Armeeoffensive gegen den Ararat-Aufstand 1930 schien auch dieses Problem gelöst zu sein.[32]

Mustafa Kemal wollte bei dem Aufbau eines außenpolitischen Konzepts auf keinen Fall durch Hindernisse gestört werden. Daher war er gezwungen, sich um die innenpolitischen Probleme zu kümmern, insbesondere um die Kurdenfrage, um bei seiner vorsichtigen Diplomatie nicht überrascht zu werden. Als alleiniger Souverän des Staates hatte er alle Zügel in der Hand und konnte so die (Außen-) Politik nach seinen eigenen Vorstellungen lenken und gestalten. So hatte er keine Opposition zu befürchten, die seine Entscheidungen anzweifeln oder gar kritisieren konnte. Die Ernennung von Tevfik Rüştü[33] zum Außenminister im März 1925, welcher bis zum Tod Mustafa Kemal Atatürks diesen Posten behielt[34] und die Schlüsselfigur seiner Außenpolitik war[35], zeigt, dass der Staatsgründer schon damals – inmitten von innen- und außenpolitischen Wirren – sein außenpolitisches Vorhaben größtenteils konstruiert hatte. Ferner ist erkennbar, dass er die in Lausanne versprochenen Reformen im Eiltempo umzusetzen gedachte, notfalls gegen den heftigen Widerstand der Bevölkerung und vieler seiner ehemaligen Mitstreiter. Somit machte er seinen Willen, europäisch zu werden und sich Großbritannien und Frankreich, den europäischen Demokratien par excellence, zu nähern, deutlich.

4. Außenpolitische Beziehungen nach der Staatsgründung

4.1. Großbritannien und Frankreich

Nach der Staatsgründung strebte die türkische Außenpolitik gute Beziehungen zu Großbritannien und Frankreich an. Diese wurden aber durch die Mossulfrage behindert, was Mustafa Kemal sichtbar störte.[36] Mossul war für beide Länder von großem Interesse. Militärisch und strategisch gesehen, war die Provinz ein wichtiger Stützpunkt und dazu noch erdölreich. Großbritannien wollte dieses Gebiet keinesfalls der Türkei überlassen, welche die alliierten Pläne mit dem Befreiungskrieg durchkreuzte.[37] London übergab die Sache nach ergebnislosen Gesprächen dem Völkerbund, bei dem die Türkei kein Mitglied war. Dieser

---

[32] ORAN 2010: *Appraisal of the Period*, S. 146.
[33] 1934 nahm er den Nachnamen *Aras* an.
[34] ORAN; AKDEVELİOĞLU (Hgg.) 2010: *Turkish foreign policy, 1919 - 2006. Facts and analyses with documents*, S. 142.
[35] ORAN 2010: *Appraisal of the Period*, S. 151.
[36] UZGEL; KÜRKÇÜOĞLU 2010: *Relations with Western Europe. Relations with Britain*, S. 154.
[37] Ebd., S. 158.

teilte die Provinz im Juli 1925 dem Irak zu, was die britische Regierung mit Freude akzeptierte. Die Türkei protestierte, woraufhin der Konflikt dem Ständigen Internationalen Gerichtshof vorgelegt wurde, welcher im Dezember einstimmig Mossul ebenfalls dem Irak zuwies. Daraufhin unterzeichnete Ankara wenige Tage später ein Freundschaftsabkommen mit der Sowjetunion, was als Affront gegen die Weststaaten gedeutet wurde.[38] Allerdings konnte die Türkei, die durch von 1911-1922 andauernden Kampfhandlungen kriegsmüde war, sich keine erneute militärische Konfrontation leisten, auch wenn diese Option zur Gewinnung Mossuls in Erwägung gezogen wurde. Zudem sorgte der Scheich-Said-Aufstand für Instabilität im Osten, weswegen die türkische Armee eingreifen musste und keine größere Militärintervention realisierbar war. Die türkische Regierung wollte diese Angelegenheit unbedingt friedlich aus dem Weg schaffen, um dadurch die ersehnten guten Beziehungen zu den Westmächten zu erlangen. Zudem waren die Sicherung der Grenzen und die Ausführung der westlichen Reformen erforderlich. Dies waren die Hauptgründe, warum die Türkei im Juni 1926 mit dem Vertrag von Ankara im Gegenzug für 10% des irakischen Erdöleinkommens für 25 Jahre en bloc auf Mossul verzichtete.[39] Wie wichtig diese Angelegenheit für Mustafa Kemal war, wird auch daraus ersichtlich, dass er kurz nach Unterzeichnung des Vertrags die Entschädigung in eine einmalige Zahlung von 500 000 £ umwandelte, damit die Angelegenheit in Zukunft keine weiteren Probleme verursacht.[40]

Anschließend begannen sich die Beziehungen zu verbessern. So besuchte die britische Mittelmeerflotte 1929 Istanbul und ihr Admiral wurde in Ankara von Mustafa Kemal empfangen, was die türkische Öffentlichkeit und Regierung sehr positiv sah.[41] Mit dem Eintritt der Türkei in den Völkerbund 1932 normalisierten sich die Beziehungen zu den Westmächten endgültig.[42] Dennoch war es Mustafa Kemal noch von der Mossulfrage bewusst, dass diese Organisation den Interessen Großbritanniens und Frankreichs diente und man sich daher früher oder später nach Alternativen umschauen musste.[43]

Die angespannte Situation der 30er Jahre zwangen beide Länder ihre Kontakte zu intensivieren. Nach der Machtübernahme Hitlers 1933 erhielt der Revisionismus in Europa mehr Zulauf. Es bildete sich ein faschistischer Block um Deutschland und Italien, der die Nachkriegsordnung nicht akzeptierte und sie mit allen Mitteln revidieren wollte. Die deutschen Bemühungen, die Türkei in eine enge Kooperation einzubeziehen, beunruhigten Großbritannien sehr. Allerdings störte der italienische Expansionsdrang Atatürk, weswegen die Türkei sich zum Pro-Status quo-Lager hingezogen fühlte. Auch wirkten sich die verbesserten Beziehungen zu Griechenland und die Antipathie der befreundeten Sowjets gegenüber den Faschisten positiv auf die Kontakte mit Großbritannien aus. Es kam zur wirtschaftlichen Annäherung, primär als Versuch, um den deutschen Einfluss einzudämpfen, was aber nicht gelang (vgl. Tabelle 1). Im Juni 1935 wurde ein Wirtschaftsabkommen unterzeichnet, das den Briten die Aufrechterhaltung der türkischen Eisenbahnstrecken und den Bau von die für die Landwirtschaft essenziellen Bewässerungsanlagen zuwies. Nachdem

---

[38] HALE 2013: *Turkish foreign policy since 1774*, S. 42f.

[39] UZGEL; KÜRKÇÜOĞLU 2010: *Relations with Western Europe. Relations with Britain*, S. 160.

[40] RILL 2011: *Kemal Atatürk. Mit Selbstzeugnissen und Bilddokumenten*, S. 117f., im Widerspruch dazu: Die Türkei soll im Zeitraum 1931-1955 dennoch ca. 3,5 Mio. £ des irakischen Erdöleinkommens bekommen haben, vgl. UZGEL; KÜRKÇÜOĞLU 2010: *Relations with Western Europe. Relations with Britain*, S. 161f.

[41] Ebd., S. 162.

[42] GÜLBEYAZ 2004: *Mustafa Kemal Atatürk. Vom Staatsgründer zum Mythos*, S. 208.

[43] RILL 2011: *Kemal Atatürk. Mit Selbstzeugnissen und Bilddokumenten*, S. 118f.

Italien im Oktober 1935 Äthiopien angriff und dadurch zu einer größeren Gefahr im Mittelmeerraum wurde, pochte Atatürk auf einen bilateralen Pakt, was Großbritannien mit der Hoffnung auf eine Mäßigung Mussolinis ablehnte. Nichtsdestotrotz arbeitete man auf der internationalen Bühne zusammen und demonstrierte die guten Beziehungen. So besuchte König Edward VIII. im Sommer 1936 Atatürk in Istanbul, worauf die türkische Regierung mit einem Besuch des Premierministers Ismet Inönü zur Krönung Georges VI. 1937 antwortete. Diese Besuche fanden in einer Zeit statt, in der die Spannungen in Europa einen ihrer Höhepunkte erreichten und wurden daher sowohl von Briten als auch von Türken positiv aufgenommen.[44]

Land Jahr	Großbritannien		Frankreich		Deutschland		Italien	
	Import	*Export*	*Import*	*Export*	*Import*	*Export*	*Import*	*Export*
1923	17,3	18,6	9,1	12,4	6,4	9	19,6	18
1926	14,1	11,4	13,7	12,1	13,8	12,6	15,8	27,8
1929	12,2	9,6	10,4	12,6	15,3	13,3	12,5	21,8
1936	6,6	5,4	2,5	3,3	45,1	51	2,2	3,7

Tabelle 1: Import und Export mit europäischen Staaten in den jeweiligen Jahren in Prozent.[45]

Mit Frankreich hatte die Türkei bereits seit Anfang des 19. Jahrhunderts besondere Kontakte. So war das Land für Reformen stets das erste Vorbild, bis es 1871 den Krieg gegen Deutschland verlor und das Osmanische Reich eine prodeutsche Haltung einnahm. Dennoch war Französisch inoffiziell die zweite Amtssprache und die meisten Diplomaten, einschließlich der Sultane, beherrschten sie. Mit der Republik dauerte diese französischfreundliche Haltung an. Der französische Säkularismus wurde übernommen, bei dem der Staat die Kirche kontrolliert[46], es wurde hauptsächlich Französisch in der internationalen Diplomatie benutzt, auch von Mustafa Kemal.[47] Frankreich war der erste europäische Staat, der das Parlament in Ankara offiziell anerkannte. Nach dem Vertrag von Lausanne war die Rückzahlung der osmanischen Schulden wichtigstes Thema der türkisch-französischen Gespräche. Im Juni 1928 wurde diesbezüglich eine Vereinbarung getroffen, in der die Türkei sich verpflichtete, ca. 108 Mio. Goldlira zu zahlen. Die letzte Rate dieser Zahlungen erfolgte 1954.[48]

Das eigentliche Anliegen, das Mustafa Kemal aber mit Frankreich zu lösen gedachte, war die Frage um den Sandschak Alexandrette, einer kleinen, aber strategisch wichtigen Provinz an der südlichen Grenze der Türkei. Diese war laut Nationalpakt unzertrennlicher Teil des türkischen Mutterlands, musste in Lausanne allerdings zu Gunsten Frankreichs aufgegeben werden, was Mustafa Kemal widerwillig hinnahm. Die Türken im multiethnischen Sandschak machten keinen Hehl aus ihrem Wunsch, sich der Türkei anzuschließen. Im Januar 1925 einten die Franzosen die relativ autonome Region mit dem arabischen Syrien, was heftigen Protest bei Türken, Alawiten und Armeniern auslöste. Der aufkommende Widerstand war hauptsächlich türkisch geprägt, stoß in Ankara jedoch nicht auf Resonanz, da die junge Republik zu sehr mit dem Scheich-Said-Aufstand und der Mossulkrise beschäftigt war. Daher unterzeichnete die türkische Regierung im Mai

---

[44] UZGEL; KÜRKÇÜOĞLU 2010: *Relations with Western Europe. Relations with Britain*, S. 162f.
[45] ORAN; AKDEVELIOĞLU (Hgg.) 2010: *Turkish foreign policy, 1919 - 2006. Facts and analyses with documents*, S. 149.
[46] Das türkische Wort *laiklik* (Laizismus) ist dem französischen Adjektiv *laïque* entnommen.
[47] ÖZGÜ 1972: *Atatürk'e Sevgi*, S. 15.
[48] UZGEL et al. 2010: *Relations with Western Europe. Relations with France*, S. 166f.

1926 quasi gezwungenermaßen ein Abkommen mit Frankreich, welches die Grenze zu Syrien bestätigte und zu guter Nachbarschaft mahnte. Was anfänglich wie ein herber Rückschlag schien, fiel zu Gunsten der Türkei aus. Nicht nur die Beziehungen zu Paris, sondern auch die Situation der im Sandschak lebenden Türken verbesserte sich. Diese änderten ihre Strategie: Anstatt sich gegen die französische Oberherrschaft aufzulehnen, verfolgten sie die Entwicklungen in der Türkei aufmerksam und implementierten alle dort ausgeführten Reformen. Des Weiteren gründeten sie eine streng disziplinierte Volkspartei und kooperierten mit den Franzosen, welche diese gerne unterstützten, um ein Gegengewicht zu den Unabhängigkeit fordernden Arabern in Damaskus zu haben. Nachdem Großbritannien den Irak 1930 in die Unabhängigkeit entlassen hatte und das Ende der französischen Herrschaft im Nahen Osten absehbar wurde, nahm die Türkei den Sandschak verstärkt in den Blick. Im September 1936 traf Frankreich eine Vereinbarung mit Syrien, in der der Kolonie in absehbarer Zukunft Unabhängigkeit zugesagt wurde. Ankara reagierte verstimmt und forderte Unabhängigkeit für den Sandschak von Alexandrette. Deswegen und aufgrund von Druck seitens Großbritannien, das die expansionistische Außenpolitik Deutschlands fürchtete[49] und die Türkei nicht in dessen Arme treiben wollte, garantierte Frankreich dem Sandschak weitreichende Autonomie. So sollte Türkisch die Amtssprache werden und die Türkei den dortigen Hafen nutzen dürfen. Atatürk verlangte jedoch die vollständige Abtrennung der Region von Syrien. Dies resultierte in der Alexandretta-Krise. In einer Ansprache an das Parlament betonte der türkische Staatspräsident, dass die Zukunft der türkisch-französischen Beziehungen von der Frage um den Sandschak abhänge.[50] Trotz seiner Krankheit reiste er im Mai 1938 zur Inspektion der dort stationierten Armeeeinheiten an die südliche Grenze, um ein Signal an Frankreich zu senden.[51] Im August kam es schließlich zu Parlamentswahlen im Sandschak, in der die türkische Fraktion – u. a. mit massiver französischer Hilfe und Repressionen gegenüber der nichttürkischen Bevölkerung– zwei Drittel der Sitze gewann. Einen Monat später wurde die Region unter dem Namen „Hatay" de jure unabhängig, de facto wurde damit bereits die Einverleibung in die Türkei beschlossen. Nichttürkische Ethnien verließen daraufhin den Staat. Atatürk erlebte den offiziellen Anschluss im Juli 1939 nicht mehr, jedoch war es klar, dass diese Entwicklung ihm geschuldet war, da er Hatay als persönliche Sache empfand und unbedingt im „Mutterland" sehen wollte.

Die Annexion des Sandschak von Alexandrette wurde von vielen als revisionistischer Akt interpretiert. Allerdings darf man nicht vergessen, dass Ankara während des gesamten Prozesses diplomatische Kontakte zu den Beteiligten pflegte, internationale Entscheidungen respektierte, bei Uneinigkeiten durch Diplomatie Einspruch erhob und Gewalt als Mittel zum Zweck ablehnte. Generell hielt sich Atatürk immer an die „Spielregeln".[52] Was Italien und Deutschland auf militärischem (und rechtlich illegalem) Wege erreichten, in dem Fall die Besetzung Äthiopiens und die Remilitarisierung des Rheinlands, gelang der Türkei durch Absprache mit den Beteiligten auf völlig legitime und offizielle Art und Weise und sorgte für eine Aufwer-

---

[49] Deutschland hatte 1936 das entmilitarisierte Rheinland besetzt und so für Unruhe bei den Westmächten gesorgt, vgl. RILL 2011: *Kemal Atatürk. Mit Selbstzeugnissen und Bilddokumenten*, S. 121.
[50] UZGEL et al. 2010: *Relations with Western Europe. Relations with France*, S. 167-172.
[51] KREISER 2008: *Atatürk. Eine Biographie*, S. 288.
[52] UZGEL et al. 2010: *Relations with Western Europe. Relations with France*, S. 173f.

tung des Ansehens der Republik im internationalen Verkehr. Atatürk unterstrich so abermals seine Abneigung gegenüber dem politischen Verständnis der Faschisten und demonstrierte seine Nähe zum britisch-französischen Typus von Politik und Diplomatie.

4.2. Italien und Deutschland

Italien gehörte 1919 zu den Staaten, die Anatolien im Rahmen des Vertrags von Sèvres besetzten, zeigte jedoch eine freundliche Einstellung gegenüber Ankara und zog 1922, ohne sich groß am Krieg zu beteiligen, wieder ab. Obwohl Rom nach der Machtergreifung Mussolinis expansionistische Tendenzen in der Außenpolitik hatte, unterhielten sowohl Italien als auch die Türkei bis in die 30er Jahre entspannte Beziehungen zueinander. Allerdings war Mustafa Kemal, der bereits 1911 in Libyen gegen die Italiener gekämpft hatte, beunruhigt über die italienischen Ansprüche auf dem Balkan und im östlichen Mittelmeer, welche er als wichtige Gebiete für die türkische Sicherheit betrachtete. Nichtsdestotrotz traf sich Außenminister Tevfik Rüştü 1927 mit Mussolini, welcher einen Freundschafts- und Neutralitätsvertrag zwischen der Türkei, Italien und Griechenland vorschlug. Dieser wurde im Mai 1928 zwischen Ankara und Rom unterzeichnet und trug zur Beruhigung des gemeinsamen Verhältnisses bei, auch durch wohlwollende Äußerungen Mussolinis. So besuchte Premierminister Ismet Pascha 1932 die italienische Hauptstadt. Auch wenn die Türkei den faschistischen Staat als Bedrohung sah, weitete es den bilateralen Handel aus. Zwischen 1924-1930 war Italien Haupthandelspartner (vgl. Tabelle 1).

Ab 1933 verschlechterten sich die Beziehungen fundamental. Hitler kam in Deutschland an die Macht, in Spanien gewann der Faschismus mit Franco an Einfluss. Durch dieses günstige Umfeld bekam die italienische Außenpolitik aggressivere Züge. Auf dem zweiten Faschistischen Kongress im März 1934 erklärte Mussolini Asien, Afrika und das Mittelmeer zu historischen Interessensgebieten Italiens, was Ankara in Alarmbereitschaft versetzte. Beide Staaten verfolgten eine unterschiedliche Politik, insbesondere auf dem Balkan. Während Mussolini die Balkanstaaten getrennt voneinander mit bilateralen Abkommen an sich binden wollte, sann Atatürk auf ein Bündnis unter diesen Staaten, um eine Gefahr seitens Italien abwehren zu können. Dazu wurde im selben Jahr der Balkanpakt etabliert. Als Rom seine militärischen Aktivitäten auf dem Dodekanes, wenige Kilometer vor der türkischen Küste[53], intensivierte und 1935 Äthiopien angriff, schlug sich Ankara auf die Seite der internationalen Staatengemeinschaft und beteiligte sich an den Sanktionen gegen Italien, was zur rapiden Verschlechterung der Handelsbeziehungen führte (vgl. Tabelle 1).[54]

Dazu kam noch die persönliche Antipathie Atatürks gegenüber Mussolini, dessen Art Politik zu machen er keinerlei Verständnis aufbringen konnte.[55] Dennoch besuchte Tevfik Rüştü Aras im Februar 1937 seinen italienischen Kollegen. Dieses Gespräch fiel allerdings ergebnislos aus und führte zu keiner Verbesserung der bilateralen Beziehungen.[56] Die Türkei empfand Italien unter Mussolini als größte Gefahr, welche die eigene Integrität bedrohte und versuchte mit allen Mitteln, diese weitgehend einzudämmen, was relativ erfolgreich gelang, wenn man die dadurch erfolgende Annäherung an Großbritannien betrachtete.

---

[53] Italien bekam 1912 nach dem Sieg gegen das Osmanische Reich die ägäischen Inseln um Rhodos zugesprochen.
[54] UZGEL 2010: *Relations with Western Europe. Relations with Italy*, S. 175ff.
[55] KREISER 2008: *Atatürk. Eine Biographie*, S. 295.
[56] UZGEL 2010: *Relations with Western Europe. Relations with Italy*, S. 177f.

Deutschland und die Türkei hatten seit dem 19. Jahrhundert rege Kontakte zueinander und waren Verbündete im Ersten Weltkrieg, daher erwies es sich als nicht schwer, Beziehungen zu etablieren. Im März 1924 wurde ein Freundschaftsabkommen mit der Weimarer Republik unterzeichnet. Auch wenn die politischen Kontakte in den 20ern nicht sonderlich ausgeprägt waren, kamen dennoch viele Deutsche in die Türkei, um die Wirtschaft und das Militär auszubauen, und Türken wurden zur Ausbildung nach Deutschland geschickt. Im April 1929 besuchte Tevfik Rüştü Berlin und betonte, dass Ankara ein starkes Deutschland befürwortete. Die beidseitigen Beziehungen wurden in dieser Zeit in einer freundschaftlichen Atmosphäre entwickelt. Beide Staaten waren nach dem Krieg relativ isoliert und strebten ein gutes Verhältnis zur Sowjetunion an, was die Nähe zueinander verstärkte.

Nach der Machtergreifung der Nationalsozialisten änderte sich die deutsche Außenpolitik radikal und zeigte deutliche Differenzen zur türkischen. In einer Zeit, in der Deutschland auf Konfrontationskurs mit Großbritannien und Frankreich ging, näherte sich die Türkei diesen Staaten. Hitler wollte Ankara unbedingt in eine Allianz einbeziehen.[57] Die Nationalsozialisten waren mit dem Genozid an den Armeniern und dem „Türkenfieber", das die deutsche konservative Presse Anfang der 20er Jahre befiel, aufgewachsen. Von Mustafa Kemal als „idealem Führer" und dem türkischen Befreiungskrieg als Kampf gegen die etablierten Mächte fasziniert[58], bezeichnete Hitler den Freiheitskrieg der Nationalbewegung als „Quelle der Inspiration". Obwohl die Türkei mit der Nachkriegsordnung partiell nicht zufrieden war, lehnte sie es ab, den Status quo mit Gewalt zu ändern.[59] Atatürk hielt politisch zwar deutlich Distanz, nutzte aber die wirtschaftlichen Vorteile, die sich aus dem ökonomischen Bündnis mit Deutschland ergaben. 1936 waren diese auf ihrem Höhepunkt angelangt (vgl. Tabelle 1) und die Türkei war Hauptabnehmer deutscher Waffen. Berlin betrachtete Ankara als Verbündeten und Hitler gewährte dem kleinasiatischen Staat großzügige Kredite, oft gegen die Anweisungen seiner Berater. Zudem kaufte man überteuerte türkische Produkte und Chrom, welches für die Kriegsrüstung benötigt wurde.[60] Nichtsdestotrotz lehnte die Türkei eine zu enge Kooperation mit den Nationalsozialisten auf politischer Ebene ab. Sie diente in den 30ern als Refugium für deutsche Emigranten, die vor der NS-Herrschaft flohen. Diese wurden von der Regierung sehr gerne gesehen, da viele Wissenschaftler, Hochschullehrer und Künstler kamen und bei der Modernisierung des Staates halfen. Das türkische Universitätswesen wurde größtenteils von Deutschen aufgebaut[61], deutsche Architekten wirkten bei der Planung des ab 1923 als Hauptstadt fungierenden und provinzial geprägten Ankaras mit.[62] Ungeachtet der deutschen Führung, die diese als britische Spione darstellte und ihre Ausweisung forderte, schätzte Atatürk die Dienste der Exilanten und unterstützte sie, beachtlicherweise trotz der wirtschaftlichen Abhängigkeit zu Deutschland.[63] Im Juli 1938 appellierte der deutsche Außenminister Ribbentrop an die Regierung sich auf die Seite der Revisionisten zu stellen. Ankara lehnte dies ab, gab aber Ribbentrop die Zusage, keiner deutschfeindlichen Konstellation beizutreten.[64]

---

[57] UZGEL 2010: *Relations with Western Europe. Relations with Germany*, S. 178ff.
[58] IHRIG 2014: *Atatürk in the Nazi imagination*, S. 223–226.
[59] UZGEL 2010: *Relations with Western Europe. Relations with Germany*, S. 179.
[60] IHRIG 2014: *Atatürk in the Nazi imagination*, S. 213f.
[61] GÜLBEYAZ 2004: *Mustafa Kemal Atatürk. Vom Staatsgründer zum Mythos*, S. 211.
[62] Ebd., S. 204.
[63] UZGEL 2010: *Relations with Western Europe. Relations with Germany*, S. 182.
[64] Ebd., S. 180.

Atatürks Ablehnung einer zu engen Beziehung zu Berlin begründet sich einerseits in der Befürchtung, dass die Türkei im Falle einer abenteuerlichen Außenpolitik erneut zerstückelt werde – wie im Ersten Weltkrieg, als die Jungtürken im Bündnis mit dem Deutschen Reich einen expansionistischen Panturanismus als Maxime hatten und das Osmanische Reich so in den Untergang stürzten. Andererseits fühlte er sich von Mussolini, der mit Hitler verbündet war, bedroht und wies jegliche Kooperation mit ihm als nicht in Betracht kommend ab. Die wachsende Freundschaft zwischen der Türkei und Großbritannien verstimmte Berlin erkennbar. Da Deutschland Italien als Bündnispartner unbedingt auf seiner Seite behalten wollte, gab Hitler Mussolini Rückendeckung bei dessen Politik auf dem Balkan und in der Mittelmeerregion, was Ankara beunruhigte und zur Suche nach Sicherheit bei den Westmächten und der Sowjetunion veranlasste.[65] Beim Tod Atatürks waren die türkisch-deutschen Beziehungen, politisch gesehen, sichtbar verschlechtert. Dennoch bestätigte die türkische Regierung im September 1939, dass sie sich neutral verhalten werde und bewahrte die Wirtschaftsbeziehungen auch während des Krieges.

4.3. Sowjetunion

Nach der Republikgründung beschloss Mustafa Kemal die Beziehungen zur Sowjetunion, die sich im Befreiungskrieg als äußerst hilfreich erwiesen hatten, aufrechtzuerhalten. 1925 und 1927 wurden wichtige Verträge unterzeichnet, die die bilateralen Kontakte und die Wirtschaftsbeziehungen regelten. Die Türkei beabsichtigte dadurch die Kommunisten als Gegengewicht zum Westen, mit dem die Beziehungen angespannt waren, zu nutzen. Auch auf internationaler Ebene agierten die beiden Staaten stets kooperativ, um sich gegen den etablierten Block zu behaupten. Doch der türkische Versuch sich mit Großbritannien und Frankreich zu arrangieren sorgte in Moskau für Skepsis, da man die Systeme dieser Staaten als Feindbild betrachtete. Des Weiteren veranlasste die Verfolgung von Kommunisten in der Türkei ebenfalls Unmut. Nachdem Ankara Anfang der 30er die Beziehungen zum Westen normalisiert hatte, nahm die türkische Außenpolitik eine prowestliche Haltung ein, was bei den Kommunisten nicht gern gesehen wurde. Dessen ungeachtet besuchte Premier Ismet Pascha 1932 die Sowjetunion, um die Zusammenarbeit auf sowohl politischer als auch wirtschaftlicher Ebene zu verstärken. 1934 wurde Moskau Mitglied des Völkerbunds, eine Entwicklung, die die Türkei begrüßte. Sie wollte den Nachbarn den Westmächten näherbringen, um so die eigene Sicherheit im Hinblick auf den italienischen Expansionismus zu garantieren.

1936 lud die türkische Regierung die betroffenen Staaten zu einer Konferenz ein, um die Situation der Meerengen zu besprechen. Diese standen unter internationale Kontrolle, was Ankara ändern wollte. Auch die Sowjetunion stimmte dieser Forderung zu. Sie verlangte, dass nur die Kriegsschiffe der Anrainerstaaten die Meerengen passieren durften. Des Weiteren unterstützte sie den Plan der Türkei, die Meerengen zu militarisieren und erklärte sich bereit, die notwendige Bewaffnung dafür zu liefern. Moskau schlug ein Bündnis zwischen den beiden Staaten vor, um so indirekt die Meerengen zu kontrollieren und zu verhindern, dass die Sowjetunion über das Schwarze Meer angegriffen wird. Atatürk lehnte dies ab, da eine Allianz mit den Kommunisten ein herber Rückschlag in den Beziehungen mit Großbritannien, an das man sich

---

[65] Ebd., S. 181.

anlehnen wollte, bedeuten würde. Außerdem würde man so Deutschland, mit dem man wichtige Wirt-schaftsbeziehungen hatte, verärgern und eine aggressivere Haltung Italiens riskieren. Die Sowjetführung reagierte verstimmt und behauptete, das Bündnis sei wegen britischer Einmischung gescheitert. Tevfik Rüştü Aras besuchte 1937 Moskau, um die Situation zu entspannen, doch die türkische Delegation wurde nicht freundlich empfangen und bekam keine Audienz bei Stalin.[66] Die Beziehungen verschlechterten sich drastisch. Von den freundschaftlichen Kontakten der 20er war nichts mehr zu erkennen. Dies lag daran, dass damals beide Länder als neue Staaten die Isolation der Nachkriegsordnung zu überwinden hatte. Mit dem Wandel der politischen Lage in den 30ern hatten sowohl Moskau als auch Ankara zwar dasselbe Ziel, nämlich die Bewerkstelligung der eigenen Sicherheit, doch unterschiedliche Methoden. So verließ sich die Türkei auf die balancierte Konstellation zwischen den bereits genannten Gruppen mit einer Neigung zum Westen, wohingegen die Sowjetunion sich auf die Mobilisierung der Armee stützte, da sie den Weststaaten nicht vertraute. Im August 1939 unterzeichnete sie schließlich einen Nichtangriffspakt mit Deutschland, weil sie sich erhoffte, dadurch einen deutschen Angriff auf sowjetische Gebiete zu verhindern.[67]

5. Fazit

Mustafa Kemal Atatürk gilt als prägendster Wegweiser der türkischen Politik in den 20ern und 30ern. Als General führte er die Nationalbewegung im Befreiungskrieg gegen die alliierten Besatzer und gründete die Republik Türkei, deren grundlegenden Prinzipien er bestimmte.

Der neue Staat war 1923 außenpolitisch völlig isoliert. Geprägt von über einem Jahrzehnt ununterbroche-nem Krieg und vielen Niederlagen, büßte er an Ansehen ein. So war sein Vorgänger, das Osmanische Reich, 1920 zu einem semiautonomen Marionettenstaat degradiert, der über keinerlei Einfluss mehr besaß. Indem Atatürk und seine Gefolgsleute den Vertrag von Sèvres in Lausanne revidierten, geboten sie den fortwäh-renden Rückschlägen Halt und etablierten einen souveränen Staat, der aufgrund seiner geostrategischen Lage eine enorme Bedeutung für Staaten wie Großbritannien oder die Sowjetunion besaß. Zudem schaffte die Nachkriegsordnung keinen andauernden Frieden und evozierte kontinuierliche Krisen, weswegen ins-besondere Großbritannien und Frankreich auf der Suche nach Stabilität und Sicherheit waren. Es entstanden drei große Blöcke, welche sich feindlich gegenüberstanden. Diese Aspekte nutzte der türkische Staatsgrün-der geschickt aus und favorisierte eine ausgeglichene Außenpolitik, die anfangs alle Lager einbezog. Auf den ersten Blick scheint es – seiner Devise „Frieden in der Heimat, Frieden in der Welt" geschuldet –, als ob Atatürk eine beständige Friedenspolitik beabsichtigte. Dies mag auf die erste Phase der Republik (1923-1930) zutreffen, doch wird ersichtlich, dass sein außenpolitisches Vorhaben erst in den 30ern zur Geltung kam. Die Betonung des Friedens in der Diplomatie diente dabei hauptsächlich, um die neu erkämpfte Un-abhängigkeit und Sicherheit zu garantieren und einen Platz in der internationalen Gemeinschaft zu bekom-men, denn die osmanische Außenpolitik in den letzten Jahren war geprägt von aggressiv-nationalistischem Expansionismus, was dem 600-jährigen Reich zum Verhängnis wurde. Atatürk, der als Offizier und Gene-ral diesen Untergang miterlebte, erkannte, dass nur eine realistische und friedliche Außenpolitik, welche

---

[66] TELLAL 2010: *Relations with the USSR*, S. 187–192.
[67] Ebd., S. 193.

nicht Krieg und Gewalt, sondern Diplomatie und Dialog als Basis hat, zur Sicherheit des neuen Staates beitragen konnte. Daher mied er provozierende Aktionen und konzentrierte sich auf die inneren Reformen, die Priorität hatten. Wie kompromisslos er in der Innenpolitik war, so umsichtiger handelte er in der Außenpolitik. Doch es ist zu erkennen, dass diese Friedenspolitik nicht der *Zweck*, sondern das *Mittel zum Zweck* war. Dies wird offenkundig im April 1936, als die Türkei die Gunst der Stunde nutzte und nach der Besetzung des Rheinlands durch Hitler im März, wodurch die Westmächte in Unruhe versetzt worden waren, die Änderung des Meerengen-Statuts forderte. Generell handelte Atatürk Ende der 30er opportunistisch, indem er aus der Krise in Europa Nutzen zog und Änderungen bewerkstelligte. So gaben Großbritannien und Frankreich den türkischen Forderungen nach und auch Deutschland versuchte Ankara auf seine Seite zu ziehen. Somit war aus dem unbedeutenden Rumpfstaat Anfang der 20er ein bedeutender Akteur Ende der 30er entstanden. Moralisch war die türkische Außenpolitik sicherlich nicht. Die Türkei hatte sehr enge Kontakte zum faschistischen Deutschland und bezog großzügige Hilfeleistungen. Auch während des Krieges unterstützte sie Deutschland mit dem Verkauf von Chrom. Ironischerweise nahm Ankara aber Emigranten auf, die halfen, das moderne System auszubauen. Es ist allerdings zu erwähnen, dass Atatürk seine Errungenschaften nach der Republikgründung nie mit militärischer Gewalt, sondern mit diplomatischem Pragmatismus erzielte. So gab er z. B. 1923 den Sandschak von Alexandrette zwar auf, ergriff Jahre später in einer günstigeren Lage jedoch die Initiative und erreichte – im Einverständnis mit den Großmächten und auf legalem Wege – sein Ziel. Der Türkei war es sehr wichtig, alles in einem rechtmäßigen Rahmen zu erledigen, um keine Angriffsfläche zu bieten. Dies trug zum Reputationsgewinn bei und sorgte für enge Kontakte mit anderen Staaten. So schickten viele Staaten Vertreter zur 10-Jahres-Feier 1933, um den Fortschritt und den Erfolg der Republik zu würdigen.[68] Und auch Necip Fazıl Kısakürek, ein islamisch-konservativer Schriftsteller, der Atatürk und dessen Reformen ablehnte, schrieb kurz nach dem Tod Atatürks 1938 als Reaktion auf die Kondolenznachrichten anderer Staaten:

„Kein Türke hätte sich vorstellen können, dass die ganze Welt seinem Staatspräsidenten solchen Respekt entgegenbringt. Nicht einmal in den Epochen, in der das Osmanische Reich die halbe Welt beherrschte, existierte ein Herrscher, dem derlei Anerkennung zuteilwurde."[69]

Mustafa Kemal Atatürk gelang es, die Türkei in das internationale Staatensystem zu integrieren und sie zu einem festen Bestandteil zu machen. Doch auch ihm wurde klar, dass die Politik der Balance nicht ewig halten würde. Daher suchte er in den 30ern die Nähe zu den westlichen Demokratien.

Auch im Krieg bewahrte die Türkei unter dem neuen Staatspräsidenten Ismet Inönü Neutralität und hielt am Kurs Atatürks fest. Allerdings musste dieser ab 1945 aufgrund der Sowjetunion, die türkische Gebiete forderte, aufgegeben werden. 1952 wurde die Türkei Mitglied in der NATO und lehnte sich fortan stark an den Westen und die USA an.

[68] GÜLBEYAZ 2004: *Mustafa Kemal Atatürk. Vom Staatsgründer zum Mythos*, S. 210f.
[69] YÜREKLI 2009: *Atatürk'ün ölümünde Necip Fazıl ne yazdı?*

Literaturverzeichnis

AKŞIN, Sina: *Kısa Türkiye tarihi*. 4. Auflage. (Türkiye İş Bankası Kültür Yayınları Genel Yayın, Bd. 1303). İstanbul 2007.

ATATÜRK ARAŞTIRMA MERKEZI (ATAM): *Atatürk'ün Tamim, Telgraf ve Beyannameleri*. Ankara 2006 [http://atam.gov.tr/wp-content/uploads/tamim-son-Onar%C4%B1ld%C4%B1.pdf]. (Eingesehen am 22.03.2017).

BIYIKLI, Mustafa: *Kaynakçalı Ve Açıklamalı Atatürk Dönemi Türk Dış Politikası Kronolojisi*. In: Dumlupınar Üniversitesi Sosyal Bilimler Dergisi Nr. 22. Kütahya 2008. S. 347–388. [http://turkoloji.cu.edu.tr/ATATURK/arastirmalar/mustafa_biyikli_aciklamali_ataturk_donemi_dis_politika_kronolojisi.pdf]. (Eingesehen am 23.03.2017)

BORATAV, Pertev Naili: *Kizil-Elma*. In: *Encyclopaedia of Islam, Second Edition*. Leiden 1986. S. 245f. [http://referenceworks.brillonline.com/entries/encyclopaedia-of-islam-2/kizil-elma-or-kizil-alma-SIM_4416]. (Eingesehen am 05.05.2017).

DAĞISTAN, Adil: *Milli Mücadele'de Mustafa Suphi Olayı*. Ankara o. J. [http://www.atam.gov.tr/dergi/sayi-34/milli-mucadelede-mustafa-suphi-olayi]. (Eingesehen am 05.05.2017).

FIRAT, Melek: *Relations with Greece*. In: Oran, Baskın; Akdevelioğlu, Atay (Hgg.): *Turkish foreign policy, 1919 - 2006. Facts and analyses with documents*. Salt Lake City 2010. S. 195–214.

GÜLBEYAZ, Halil: *Mustafa Kemal Atatürk. Vom Staatsgründer zum Mythos*. 2. Auflage. Berlin 2004.

HALE, William M.: *Turkish foreign policy since 1774*. 3. Auflage. London 2013.

HANIOGLU, M. Sükrü: *Atatürk. Visionär einer modernen Türkei*. Stuttgart 2015.

IHRIG, Stefan: *Atatürk in the Nazi imagination*. Cambridge 2014.

KREISER, Klaus: *Atatürk. Eine Biographie*. 3. Auflage. München 2008.

ORAN, Baskın: *Appraisal of the Period*. In: Oran, Baskın; Akdevelioğlu, Atay (Hgg.): *Turkish foreign policy, 1919 - 2006. Facts and analyses with documents*. Salt Lake City 2010. S. 143–153.

ORAN, Baskın: *The Peace Treaty of Lausanne*. In: Oran, Baskın; Akdevelioğlu, Atay (Hgg.): *Turkish foreign policy, 1919 - 2006. Facts and analyses with documents*. Salt Lake City 2010. S. 126–140.

ORAN, Baskın; AKDEVELIOĞLU, Atay (Hgg.): *Turkish foreign policy, 1919 - 2006. Facts and analyses with documents*. (Utah series and Turkish and Islamic studies). Salt Lake City 2010.

ÖZGÜ, Melahat: *Atatürk'e Sevgi*. Ankara 1972.

RILL, Bernd: *Kemal Atatürk. Mit Selbstzeugnissen und Bilddokumenten*. 10. Auflage. (Rororo-Bildmonographien, Bd. 50346). Hamburg 2011.

TELLAL, Erel: *Relations with the USSR*. In: Oran, Baskın; Akdevelioğlu, Atay (Hgg.): *Turkish foreign policy, 1919 - 2006. Facts and analyses with documents*. Salt Lake City 2010. S. 187–193.

UZGEL, İlhan: *Relations with Western Europe. Relations with Germany*. In: Oran, Baskın; Akdevelioğlu, Atay (Hgg.): *Turkish foreign policy, 1919 - 2006. Facts and analyses with documents*. Salt Lake City 2010. S. 178–183.

UZGEL, İlhan: *Relations with Western Europe. Relations with Italy*. In: Oran, Baskın; Akdevelioğlu, Atay (Hgg.): *Turkish foreign policy, 1919 - 2006. Facts and analyses with documents*. Salt Lake City 2010. S. 175-178.

UZGEL, İlhan; FIRAT, Melek; KÜRKÇÜOĞLU, Ömer: *Relations with Western Europe. Relations with France*. In: Oran, Baskın; Akdevelioğlu, Atay (Hgg.): *Turkish foreign policy, 1919 - 2006. Facts and analyses with documents*. Salt Lake City 2010. S. 165-175.

UZGEL, İlhan; KÜRKÇÜOĞLU, Ömer: *Relations with Western Europe. Relations with Britain*. In: Oran, Baskın; Akdevelioğlu, Atay (Hgg.): *Turkish foreign policy, 1919 - 2006. Facts and analyses with documents*. Salt Lake City 2010. S. 154–165.

YÜREKLI, Mustafa: *Atatürk'ün ölümünde Necip Fazıl ne yazdı?* 2009. [http://www.haber7.com/yazarlar/mustafa-yurekli/406923-ataturk8217un-olumunde-necip-fazil-ne-yazdi]. (Eingesehen am 09.05.2017).